I0772563

je t'aime

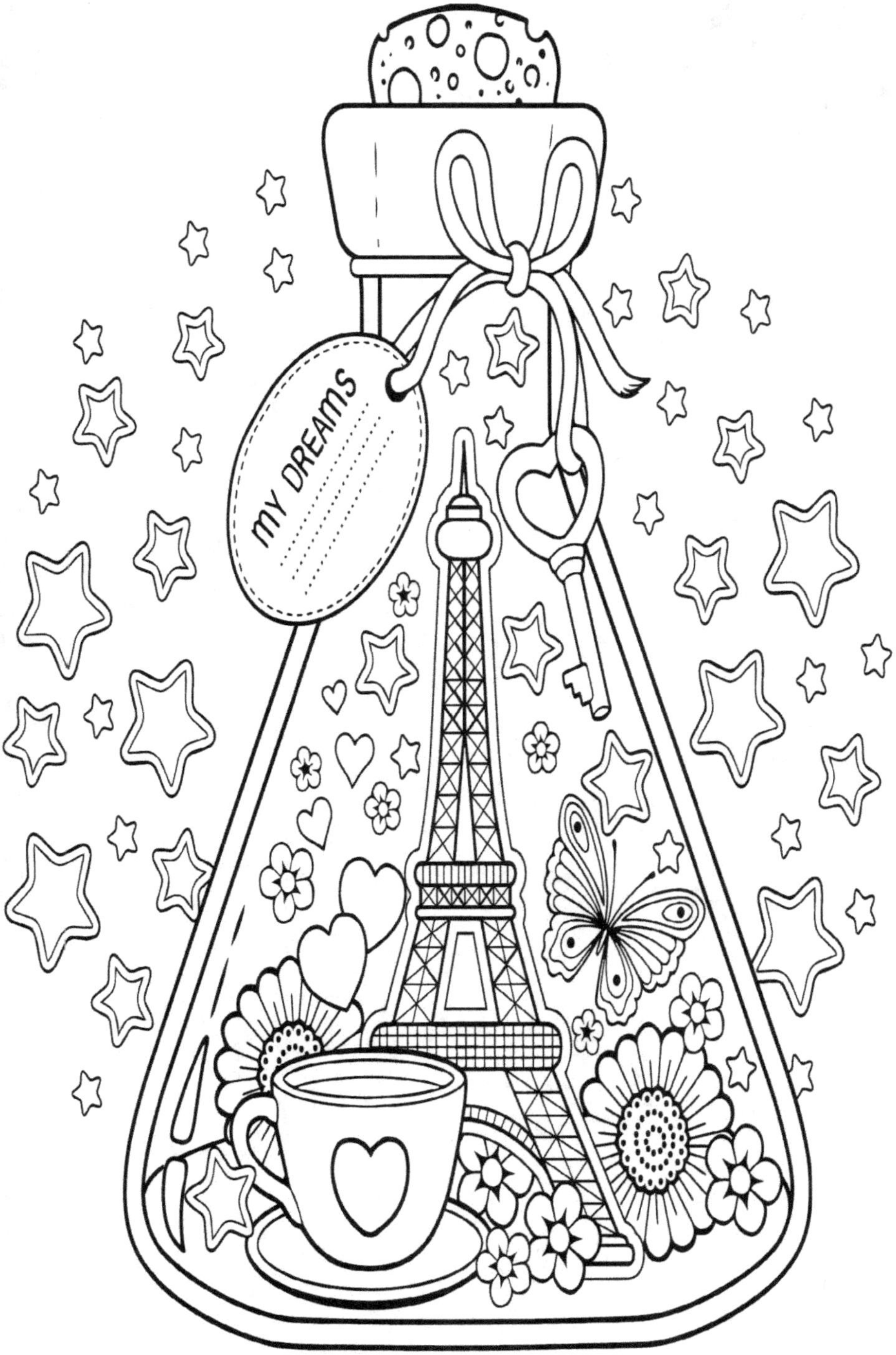
MY DREAMS

XOXO

Я люблю тебя

you are
my
sunshine

Mon Amour

For you

you are the best

you are loved

Ti amo

Be Mine

I love
YOU
to the
moon
AND
back

Love

Ich liebe dich

I love you more than all stars in the sky

To the Best
Mother
Happy Valentine's
Day!
Coloring
Card

AFGREKI
EU TE AMO
Aishiteru
MILUJI TĚ
T'estimo Je t'aime
Te dua VOLIM TE
Ľúbim t'a
Te ubesk
I love you
Kocham Ciebie
Ti amo
S'agapo
Mi amas vin Bahibak
Ich liebe dich
M'bi fe

From,

www.ingramcontent.com/pod-product-compliance
Lightning Source LLC
Chambersburg PA
CBHW050713250726
48662CB00002B/991
* 9 7 8 1 9 8 3 6 5 8 9 3 8 *